EMG3-0188
合唱楽譜<J-POP>
J-POP
CHORUS PIECE

合唱で歌いたい！ J-POPコーラスピース

混声3部合唱

マリーゴールド

（あいみょん）

作詞・作曲：あいみょん　合唱編曲：山本寛之

JN149834

●●● 曲目解説 ●●●

10代、20代の若い世代を中心に人気のシンガーソングライター、あいみょんの人気ナンバーが合唱楽譜になりました！2018年にリリースされた、夏の風景に2人の恋模様を重ねたミディアムナンバーです。穏やかで温かいサウンドにのせて切ない純愛が歌われたこの楽曲は、多くの人々の心を掴み、あいみょんの楽曲の中でも特に人気の高い一曲となりました。感動を誘う、合唱にぴったりなこの曲を歌ってみてはいかがでしょうか！

ELEVATO
MUSIC ENTERTAINMENT

マリーゴールド

作詞・作曲:あいみょん　合唱編曲:山本寛之

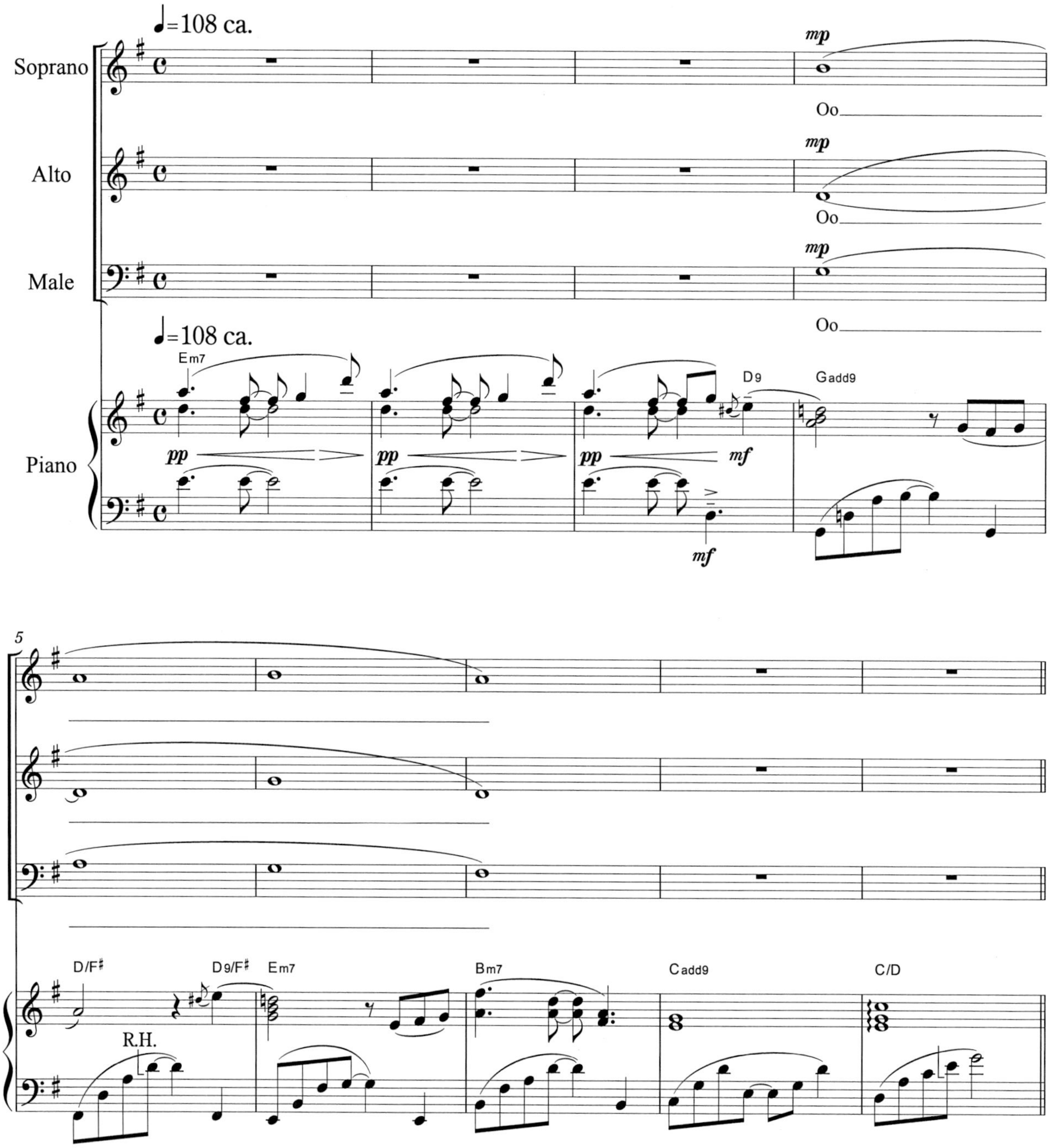

© 2018 by ENS ENTERTAINMENT INC.
& Warner Music Japan Inc.

10
A
mp
かぜの つーよ さーが ちょ ーっと ここ ろー を ゆ さぶー りすー ぎて ー ー ー
A
Gadd9
D/F♯
Em add9
GM7/D
mp
14
mp
ま じー め に み つー めー た き みー が こ い しい
ま じー め に み つー めー た き みー が こ い しい
Cadd9
G/B
Cadd9
D9sus4
D
18
B
p
Oo
oo
(V)
(V)
mp
でんぐ りーが えーし の ーひ びー かわ いそう なふりをー してー ー
mp
でんぐ りーが えーし の ーひ びー かわ いそう なふりをー してー ー
B
Gadd9
D/F♯
Em9
GM7/D
mp

22
mp
だ ら ー け て み た ー け ー ど き ぼう ー の ひ か り は
だ ら ー け て み た ー け ー ど き ぼう ー の ひ か り は
p
mp
Oo き ぼう ー の ひ か り は
Cadd9 G/B Cadd9 D7
26 C
mp mf f
Oo し ー あ ー わ せ だ ー む ぎ わ ー ら の
mf f
め の ま え で ず っ と か が や い て い る し ー あ ー わ せ だ ー む ぎ わ ー ら の
mp mf f
Oo し ー あ ー わ せ だ ー む ぎ わ ー ら の
C
Em7 GM7/D Cadd9 D9
mp
30 D
ー ぼう し の き ー み が ゆ れ た マ リー ゴ ー ル ド に に て る あれ
ー ぼ う し の き ー み が ゆ れ た マ リー ゴ ー ル ド に に て る
ー ぼ う し の き ー み が ゆ れ た マ リー ゴ ー ル ド に に て る
D
Gadd9 D/F♯ Em9 GM7/D
mf

34
はそらーがまーだあおいなつのこーと なつかしいーとわーらえたあのひのこい
そらがー あおいなつのこーと なつかしいーとわーらえたあのひのこい
あおいなーつのこーと Lu lu lu あのひのこい
Cadd9
G/B
Em
Cadd9
D9
38
E
「もうはなれーないーで」となきそうなめーでみーつめるきみをくも
「もうはなれーないーで」となきそうなめーでみーつめるきみを
「もうはなれーないーで」となきそうなめーでみーつめるきみを
E
Gadd9
8va
D/F♯
Em add9
GM7/D
f
42
のようなやーさしさでそっとぎゅっとだーきしめてーーだーきしめてはなさ
ようなやーさしさでそっとぎゅっとだーきしめてーーだーきしめてはなさ
やさしさーでぎゅっとだーきしめてーーだーきしめてはなさ
Cadd9
G/B
Em
Cadd9
C/D

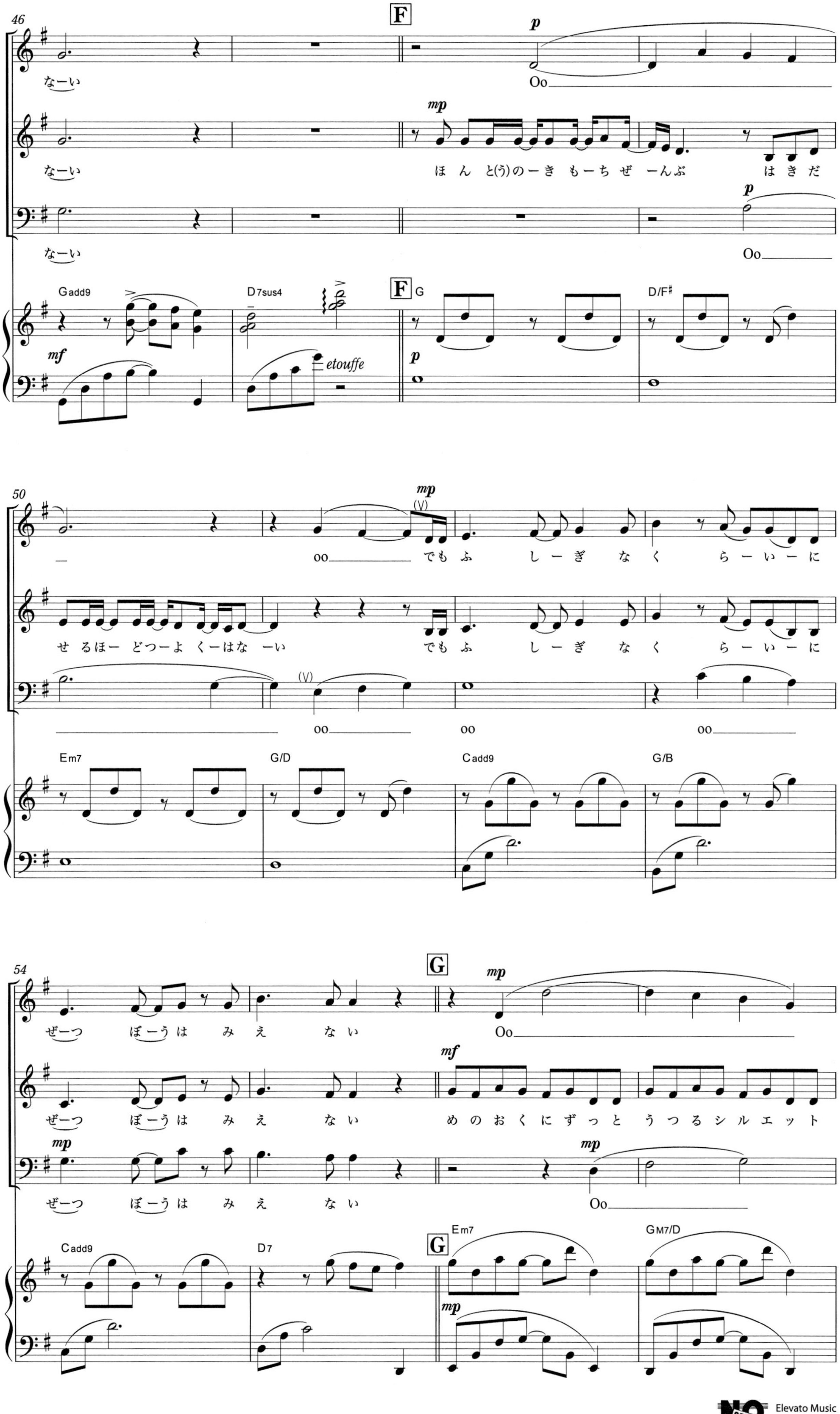

etouffe …ペダルを離して直前の響きを止める

58
H
だいーすきさーやわらーかなーはだをよせーあいすこし
だいーすきさーやわらーかなーはだをよせーあいすこし
だいーすきさーやわらーかなーはだをよせーあいすこし
Cadd9
D9
Gadd9
D/F♯
62
つめたーいくーうきをふたりかみしめてーあるーくきょうというひになーんとな
つめたーいくーうきをふたりあるくーきょうというひになーんとな
つめたーいくーうきをふたりきょうというーひになーんと
Em9
GM7/D
Cadd9
G/B
Em
66
I
まえをつけようかなんてはなーしてああアイラーブユーのことば
まえをつけようかなんてはなーしてああアイラーブユーのことば
Lu lu lu なんてはなーしてああアイラーブユーのことば
Cadd9
D9
Gadd9
D/F♯

70
じゃ たりー ないー から と キス して くも が まだー ふたー り の か げ を の こすー から い
じゃ たりー ないー から と キス して ふ たりー の か げ を の こすー から い
じゃ たりー ないー から と キス して かげ ーを ー の こすー から い
Em add9
GM7/D
Cadd9
G/B
Em
74
J
f
ー つ まで もー ー い ー つ まで も この ま ま は る か ー と お い
ー つ まで もー ー い ー つ ま で も こ の ま ま は る か と お
ー つ まで もー ー い ー つ まで も この ま ま は る か
Cadd9
C/D
Em add9
D/F#
78
ー ば しょ に いて ー も つ な が っ て(い)たい なあ ふ ー た り ー の お ー も い が
(V)
ーい ば しょ に いて ー も つ な が っ て(い)たい なあ ー ふ た り のお も いが
ば しょ に いー ても つ な が っ て(い)たい なあ ー お も いが
Gadd9
D9
Em add9
D/F#
D7

82
K
ー　おなじで　あ　りまーすようにー　ー
ー　おなじで　あ　りまーすようにー　ー
ー　おなじで　あ　りまーすようにー　ー
Gadd9
Dadd9
G
CM9
mp
86
D7
D♯dim7
Em
G/D
C
D7sus4
8va
90
mp
L
むぎわーらの　ー　ぼうしの　きーみがゆれた　マリーゴールドに　に　てる
mp
あれ
D7
Gadd9
D/F♯
Em7
GM9/D
p

95
mf cresc.
なつ かしいー とわー らえ た あのひのこ い
mf cresc.
はそらー がまー だ あ お い な つ のこー と なつ かしいー とわー らえ た あのひのこ い
mf cresc.
Lu lu lu あのひのこ い
Cadd9
G/B
Cadd9
D9
99
M
f
「もう はなれー な い ーで」とな き そ う なめー でみー つ め る き み を くも
f
「もう はなれー な い ーで」とな き そ う なめー でみー つ め る き み を
f
「もう はなれー な い ーで」とな き そ う なめー でみー つ め る き み を
M
Gadd9
D/F♯
Em9
GM7/D
mf
103
のよう なやー さ し さ でそっ とぎゅっと だ ー き し め て は ー な さ なーーい
よう なやー さ し さ でそっ とぎゅっと だ ー き し め て は ー な さ な ーい
や さ し さー で ぎゅっと だ ー き し め て は ー な さ なーーい
Cadd9
G/B
Em
Cadd9
D9

107 N
ああ アイラーブ ユ ーのことば じゃたりー ないー からと キス して くも
ああ アイラーブ ユ ーのことば じゃたりー ないー からと キス して
ああ アイラーブ ユ ーのことば じゃたりー ないー からと キス して
N Gadd9 8va D/F♯ Emadd9 GM7/D
111
がまだー ふたーりのか げをのこすーから いーつまでもーー いーつまでもこのま
ふたりー のか げをのこすーから いーつまでもーー いーつまでもこのま
かげーをー のこすーから いーつまでもーー いーつまでもこのま
Cadd9 G/B Em Cadd9 C/D
115 O
ま はなさなー ーい Ah いーつまでも
ま はなさなー ーい Ah いーつまでも
ま はなさなー ーい Ah いーつまでも
O G/B Cadd9 D Em7

al niente …聞こえなくなるまで次第に弱くする
l.v.…音が消えるまでペダルを踏み続ける

マリーゴールド（あいみょん）

作詞：あいみょん

風の強さがちょっと
心を揺さぶりすぎて
真面目に見つめた
君が恋しい

でんぐり返しの日々
可哀想なふりをして
だらけてみたけど
希望の光は

目の前でずっと輝いている
幸せだ

麦わらの帽子の君が
揺れたマリーゴールドに似てる
あれは空がまだ青い夏のこと
懐かしいと笑えたあの日の恋

「もう離れないで」と
泣きそうな目で見つめる君を
雲のような優しさでそっとぎゅっと
抱きしめて　抱きしめて　離さない

本当の気持ち全部
吐き出せるほど強くはない
でも不思議なくらいに
絶望は見えない

目の奥にずっと写るシルエット
大好きさ

柔らかな肌を寄せあい
少し冷たい空気を2人
かみしめて歩く今日という日に
何と名前をつけようかなんて話《はな》して

ああ　アイラブユーの言葉じゃ
足りないからとキスして
雲がまだ2人の影を残すから
いつまでも　いつまでも　このまま

遥か遠い場所にいても
繋がっていたいなあ
2人の想いが
同じでありますように

麦わらの帽子の君が
揺れたマリーゴールドに似てる
あれは空がまだ青い夏のこと
懐かしいと笑えたあの日の恋

「もう離れないで」と
泣きそうな目で見つめる君を
雲のような優しさでそっとぎゅっと
抱きしめて　離さない

ああ　アイラブユーの言葉じゃ
足りないからとキスして
雲がまだ2人の影を残すから
いつまでも　いつまでも　このまま

離さない
いつまでも　いつまでも　離さない

ELEVATO
MUSIC ENTERTAINMENT

MEMO

ELEVATO
MUSIC ENTERTAINMENT

MEMO

ELEVATO
MUSIC ENTERTAINMENT

エレヴァートミュージックエンターテイメントはウィンズスコアが
展開する「合唱楽譜・器楽系楽譜」を中心とした専門レーベルです。

ご注文について

エレヴァートミュージックエンターテイメントの商品は全国の楽器店、ならびに書店にてお求めになれますが、店頭でのご購入が困難な場合、当社WEBサイト・電話からのご注文で、直接ご購入が可能です。

◎当社WEBサイトでのご注文方法

http://elevato-music.com

上記のアドレスへアクセスし、WEBショップにてご注文ください。

◎お電話でのご注文方法

TEL.0120-713-771

営業時間内に電話いただければ、電話にてご注文を承ります。

※この出版物の全部または一部を権利者に無断で複製(コピー)することは、著作権の侵害にあたり、著作権法により罰せられます。

※造本には十分注意しておりますが、万一、落丁・乱丁などの不良品がありましたらお取り替えいたします。
また、ご意見・ご感想もホームページより受け付けておりますので、お気軽にお問い合わせください。

LOVE THE ORIGINAL
楽譜のコピーはやめましょう